M'AS-TU VU?

Aux médecins et employés du Hospital for Sick Children de Toronto. Vous êtes super!
— *Peter Cook et Laura Suzuki*

Le monde est un endroit merveilleux.
Pour Joanne, l'une des personnes les plus merveilleuses dans ma vie. Avec tout mon amour.
— *Ron*

Les illustrations de ce livre ont été faites à l'aquarelle et à partir de sculptures de papier, dont chaque couche a été coupée, pliée, peinte et collée.

Photographies : William Kuryluk

Catalogage avant publication de la Bibliothèque nationale du Canada

Cook, Peter, 1965-
M'as tu vu? / Peter Cook, Laura Suzuki ; illustrations, Ron Broda ; traduit par Hélène Pilotto.

Pub. aussi en anglais sous le titre: Why animals show off.
ISBN 0-439-98862-4

1. Communication animale—Ouvrages pour la jeunesse.
2. Animaux—Moeurs et comportement—Ouvrages pour la jeunesse.
I. Suzuki, Laura II. Broda, Ron III. Pilotto, Hélène, 1949- IV. Titre.

QL776.C6614 2003   j591.59   C2002-904294-1

Édition publiée par Les éditions Scholastic, 175 Hillmount Road,
Markham (Ontario) L6C 1Z7 CANADA.

6 5 4 3 2 1   Imprimé au Canada   03 04 05 06

Peter Cook ~ Laura Suzuki

M'AS-TU VU?

Ron Broda

Texte français de
Hélène Pilotto

Les éditions Scholastic

Qui sont-ils?

Guide d'identification des animaux

Les animaux sont identifiés en allant de gauche à droite, sauf indication contraire.

Page 1 : cardinal rouge

Pages 2 et 3 : serpent jarretière commun, noctuelle cuivrée, lapin à queue blanche, sittelle à poitrine rousse, canard (en vol), paruline de Kirtland, gélinotte huppée, tourterelle triste, cerf de Virginie et biche (en haut), escargot petit-gris, cardinal rouge (mâle), bécasse d'Amérique, chouette rayée, cardinal rouge (femelle), écureuil gris de l'Est, pic flamboyant

Pages 4 et 5 : salamandre tachetée (en haut), limace de mer, grenouilles de la famille des dendrobatidés

Pages 6 et 7 : cobra royal, poisson porc-épic

Pages 8 et 9 : vice-roi (en haut), monarque, serpent roi écarlate (en haut), serpent corail de l'Est

Pages 10 et 11 : serpent-tuyau de Malaisie, paon de jour, poisson-ange impérial, scinque pentaligne

Pages 12 et 13 : lézard à collerette d'Australie, scinque à langue bleue

Pages 14 et 15 : zèbre, girafe, guépard, tigre

Page 16 : (rangée du haut) petit flambeau, ornithoptère de Cairns;
(rangée du milieu) morpho commun, argus nain d'Amérique, hélicopis à taches dorées, lycène anguleux; (rangée du bas) reine Alexandra, soufré géant

Page 17 : (voir le diagramme) 1.siproeta brun, 2. grand argus à bandes, 3. voilier nervuré, 4. leuconé, 5. argus nain d'Amérique, 6. papillon feuille, 7. argynne cybèle, 8. lascar, 9. aurore, 10. esméralda, 11. azuré pygmée, 12. bordure noire de Cramer, 13. voilier mormon

Pages 18 et 19 : (rangée du haut) baliste, porte-enseigne, poisson-lion, poisson-chat, hippocampe; (rangée du bas) étoile de mer, poisson-chirurgien, poisson-clown

Page 20 : quetzal, grue du Japon, pintade vulturine, passerin indigo, paruline jaune

Page 21 : (dans le sens des aiguilles d'une montre) akepas d'Hawaï, ara bleu, héron garde-bœufs, faisan de Lady Amherst (mâle), geai bleu, loriot d'Europe

Pages 22 et 23 : saumon

Pages 24 et 25 : oiseau de paradis

Pages 26 et 27 : gorille mâle, mandrill, orignal mâle

Le monde est rempli de couleurs.

Pourtant, la plupart des animaux qui y vivent ne sont pas très colorés. Comme ils cherchent souvent à se cacher des autres bêtes, ils se mêlent aux plantes, aux roches et à la terre qui les entourent en espérant passer inaperçus.

D'autres, par contre, se font remarquer. Avec leur pelage, leur plumage ou leurs nageoires aux couleurs criardes, ils semblent dire : « Regardez-moi! »

Si certains animaux se camouflent pour rester en sécurité, pourquoi ceux-ci veulent-ils absolument se faire voir?

Plusieurs de ces animaux sont venimeux. Leurs couleurs vives sont une façon de dire aux autres bêtes : « Attention! Je suis dangereux! » Si la rencontre tourne mal, l'attaquant se souviendra des couleurs agressives de cet animal. La prochaine fois qu'il les verra, il gardera ses distances!

- Certaines grenouilles et salamandres ont une peau très venimeuse.
- Cette limace de mer mange des anémones vénéneuses. Cela ne la rend pas malade. Au contraire! Cela rend ses piquants encore plus toxiques.

D'autres animaux dangereux ne cherchent pas à se faire remarquer. Ils vivent paisiblement. Mais si un intrus s'approche trop d'eux, attention! Ils lui servent un sérieux avertissement! Ils martèlent le sol avec leurs pattes, se gonflent ou lancent des cris de colère. Si l'intrus ne déguerpit pas rapidement, cela risque de mal finir!

• Le cobra royal tient sa tête bien haute et dilate son cou de manière à former un capuchon menaçant.

• Le poisson porc-épic a le corps couvert de piquants. Il se gonfle comme un ballon pour effrayer ses ennemis.

Les couleurs vives sont si efficaces que, parfois, certains animaux les adoptent. Cette façon de copier l'apparence d'un autre animal s'appelle le mimétisme.

L'animal « copieur » n'est pas dangereux, mais il ressemble beaucoup à un animal venimeux. Nombre de prédateurs se laissent prendre au piège. Ils croient que l'imitateur est venimeux et s'en éloignent.

• La morsure du serpent corail de l'Est est mortelle. Celle du serpent roi écarlate ne l'est pas.

• Le monarque se nourrit d'asclépiade. Cette plante lui donne un goût très désagréable. Les prédateurs qui le mangent sont si malades qu'ils apprennent vite à éviter tout papillon orange et noir. Pourtant, le vice-roi, qui arbore les mêmes couleurs, est un papillon comestible.

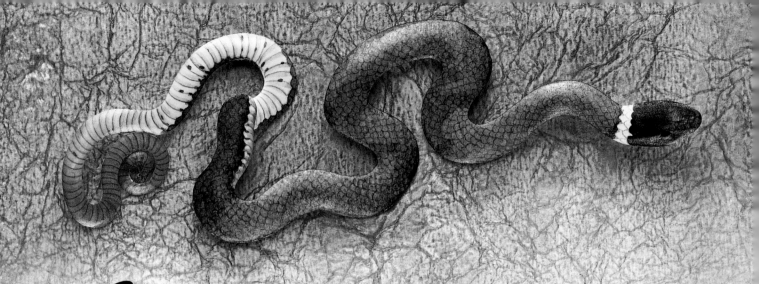

Chez certains animaux, une seule partie du corps attire l'attention. En visant cette partie colorée, le prédateur rate la tête ou d'autres parties importantes du corps. Cela permet à l'animal de se sauver.

• La queue du serpent-tuyau de Malaisie attire beaucoup plus l'attention que le reste de son corps.

• Plusieurs papillons et poissons ont, loin de leur tête, des taches qui ressemblent à de gros yeux. Le paon du jour porte deux paires de faux yeux sur ses ailes.

• La queue du scinque pentaligne se détache si un ennemi l'attrape.

Certains animaux jouent la comédie. N'ayant pas de moyen de défense naturel, ils se cachent. Mais, en cas de danger, ils essaient de paraître soudainement gros et féroces. Si leur attaquant est surpris, l'animal en profite pour se sauver. Si l'attaquant ne se laisse pas prendre au jeu, l'animal a de bonnes chances de finir en repas.

● Le lézard à collerette d'Australie se donne un aspect effrayant en déployant une large membrane de peau autour de sa tête, comme s'il ouvrait un parapluie.

● Ce scinque à langue bleue surprend ses ennemis en sortant son énorme langue.

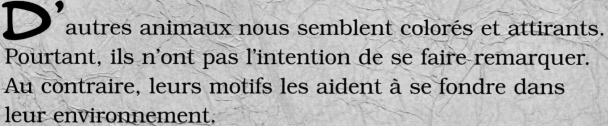

D'autres animaux nous semblent colorés et attirants. Pourtant, ils n'ont pas l'intention de se faire remarquer. Au contraire, leurs motifs les aident à se fondre dans leur environnement.

Des dessins voyants et bigarrés peuvent jeter la confusion dans l'esprit de l'attaquant. Les zèbres profitent de cet effet de surprise pour échapper à leur ennemi.

Les rayures et les taches rendent aussi certains animaux plus difficiles à voir. Les rayures du tigre l'aident à se camoufler parmi les ombres de la jungle. Les taches des girafes et des guépards leur permettent de se mêler au décor.

14

Pour les animaux, il est important de pouvoir retrouver leurs semblables. Parfois, la seule façon d'y parvenir est de se détacher du paysage. Les insectes peuvent être très voyants, les papillons en particulier.

Plusieurs sortes de poissons vivent dans les récifs de corail. Ces poissons arborent des couleurs et des motifs qui les différencient les uns des autres. Grâce à ces marques spécifiques, ils savent qui est un membre de leur bande et qui n'en fait pas partie.

Les plumages aux couleurs vives aident les oiseaux à se reconnaître entre eux. Il est vrai que cela permet aussi aux prédateurs de les repérer. Heureusement, les oiseaux réussissent souvent à échapper au danger en s'envolant.

C'est pendant la saison des amours que les animaux cherchent le plus à se faire remarquer. Ils veulent être vus. Certains poissons vont jusqu'à changer de couleur, de forme ou d'attitude pour attirer un partenaire.

Pour trouver un partenaire, certains oiseaux affichent un plumage magnifique. Ceux-ci ont une queue si grosse qu'ils ont peine à s'envoler. Quand un ennemi surgit, difficile de lui échapper! Certains se font même attraper.

Le truc, c'est de se faire remarquer... tout en restant vivant!

Généralement, les mammifères n'arborent pas de couleurs vives. Pour démontrer leur puissance ou leur supériorité, les mâles doivent parfois se battre ou frapper le sol de leurs pattes. Seuls les mâles les plus forts deviendront pères.

Voici une autre créature qui aime se faire remarquer
de mille façons et pour toutes sortes de raisons :
donner un avertissement, signifier
son appartenance à un groupe...
ou simplement s'amuser!